SAINTE RITA

La collection CHRIS✝IC rassemble des figures incontournables du christianisme à travers un choix de textes destinés à tous ceux qui souhaitent vivre intensément leur spiritualité.

Dans la même collection

Saint Joseph, généreux père choisi par Dieu, viellez sur moi, BoD, 2021.

Prochaines publications

Sainte Thérèse
Saint Antoine

CHRIS✝IC

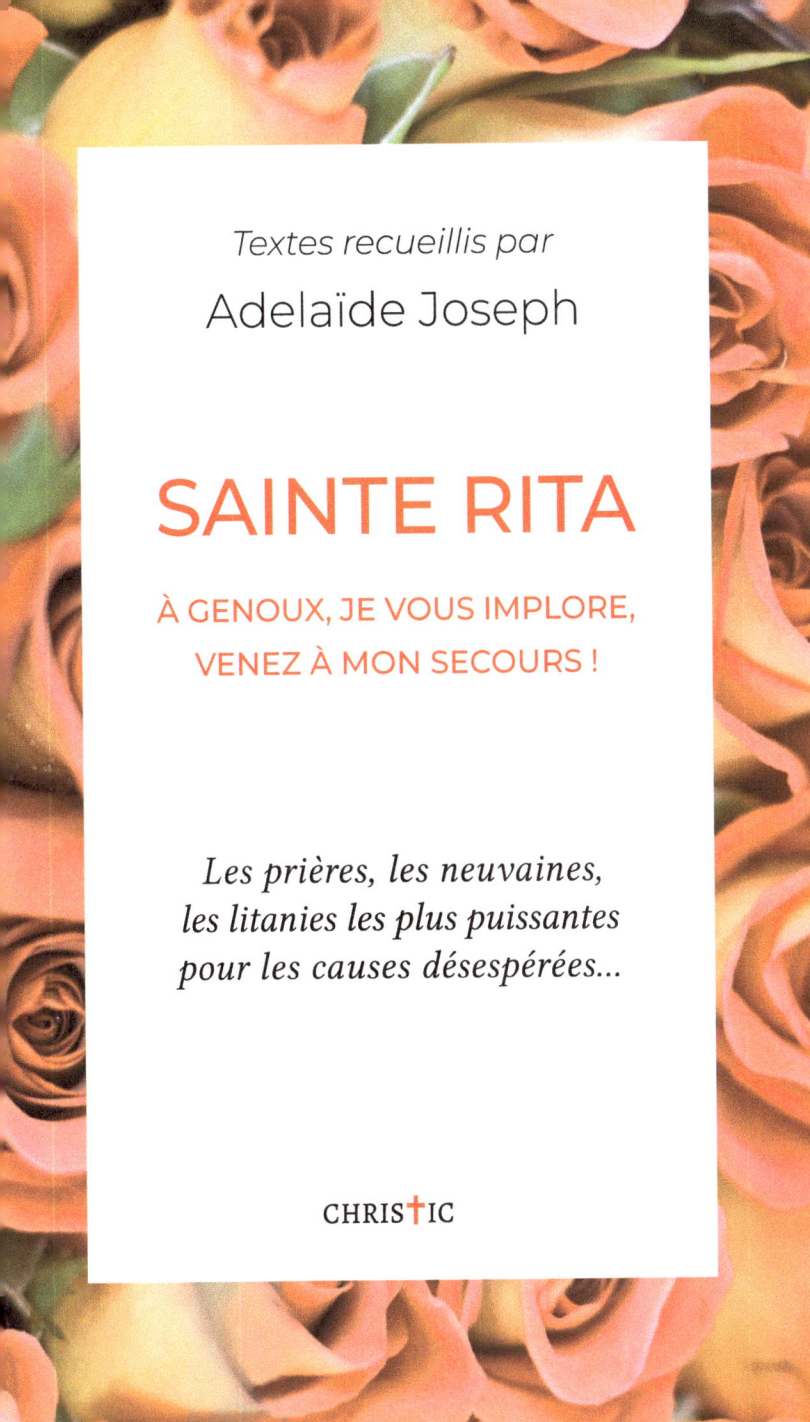

Textes recueillis par
Adelaïde Joseph

SAINTE RITA

À GENOUX, JE VOUS IMPLORE, VENEZ À MON SECOURS !

*Les prières, les neuvaines,
les litanies les plus puissantes
pour les causes désespérées...*

CHRIS✝IC

© 2021 Adelaïde Joseph - CHRISTIC

ISBN : 9782322181414

Édition : BoD – Books on Demand,
12/14 rond-point des Champs-Élysées, 75008 Paris.
Impression : BoD - Books on Demand,
Norderstedt, Allemagne.

Dépôt légal : janvier 2021

BIOGRAPHIE DE SAINTE RITA DE CASCIA

Sa naissance à Roccaporena

Antonio Lotti et Aimée Ferri, le père et la mère de Rita, vivent à Roccaporena à trois kilomètres de Cascia en Ombrie (Italie centrale). Dans la République de Cascia, ils ont une fonction de médiateurs entre les familles victimes de conflits et de cette fameuse « vendetta ». Ce sont des chrétiens convaincus qui vivent dans une très grande foi.

En 1381, à la naissance de *Margherita*, qui sera dénommée plus tard, Rita, ils sont déjà âgés. Un jour, selon la légende, Antonio et Aimée vont travailler dans les champs. Ils emportent avec eux leur fille dans une corbeille d'osier et la posent à l'ombre des arbres. Et soudain, un essaim d'abeilles vient entourer l'enfant, certaines même se posent sur ses lèvres sans jamais la piquer !

Cet épisode surprenant atteste de manière symbolique de la bienveillante protection de Dieu pour la petite Rita.

Un tableau va d'ailleurs le commémorer. On y trouve l'inscription suivante : « *La Bienheureuse Rita était dans son berceau : cinq abeilles entrèrent dans sa bouche et en sortirent en présence de ses parents.* »

Une mère et une épouse

Le désir affirmé de Rita d'entrer au monastère ne séduit pas ses parents qui veulent la marier pour assurer une descendance à la famille. Paolo Mancini, un jeune homme noble et fortuné mais d'un caractère teigneux et brutal, se présente alors à eux pour demander la main de leur fille. Malgré son âge, 14 ans, ils acceptent et les fiançailles sont célébrées.

Au début de leur mariage, Rita souffre énormément du caractère de Paolo qui la bat régulièrement. Mais par sa douceur, sa patience et plus encore par sa prière, elle réussit à tempérer son comportement. Son tout premier biographe écrit : « *Rita sut si bien l'adoucir qu'à la grande stupeur de tous elle le rendit admirablement doux et attaché au service de Dieu...* »

Voilà pourquoi aussi, avec raison, beaucoup de gens confient à l'intercession de sainte Rita les situations matrimoniales difficiles qu'ils rencontrent ou dont ils sont témoins...

Rita et Paolo vécurent donc 18 années de bonheur et eurent deux garçons jumeaux, Giangiacomo et Paolo Maria.

Une Destinée cruelle

Paolo Mancini fait très probablement partie de la Garde civique de Cascia. Son caractère maintenant plus pacifique ne le met cependant pas à l'abri de la violence qui sévit à l'époque. En effet, nous savons que les représailles y étaient cruelles et que les familles se transmettaient leur haine de génération en génération. C'est ainsi qu'un soir, alors qu'il revient de Cascia, ses ennemis lui tendent une embuscade près de la Tour de Collegiacone et lui assènent de mortels coups de couteaux.

C'est une douleur immense pour Rita, qui ne souhaite pas réclamer vengeance. Au contraire avec la force de sa foi, elle demande le pardon pour les assassins de son mari. Mais ses enfants, alors adolescents, ne l'entendent pas ainsi. Ils forment des plans pour venger leur père. Rita les exhorte au pardon et elle se met alors à prier Dieu afin qu'ils ne sombrent pas dans la violence et deviennent des meurtriers. Elle est entendue, d'une certaine manière, car ses deux enfants sont emportés par une épidémie de peste, après avoir imploré le pardon de leur mère.

Sainte Rita n'ayant jamais cessé de faire confiance au Seigneur, voit dans ce deuil si douloureux un signe qu'Il les a sauvés de la mort éternelle.

Son entrée au monastère

En cette année 1417, la perte de son mari et de ses fils laisse Rita dans une douleur immense. Mais c'est une femme de foi qui trouve dans l'espérance la force de continuer à vivre et à aimer. Elle sait aussi que Dieu ne l'abandonnera pas.

Comme elle est maintenant seule, elle demande à entrer au monastère des Augustines de Cascia. Mais l'abbesse refuse de la recevoir car les constitutions de l'ordre interdisent d'accueillir les veuves. De plus, comme la famille de son mari et celle de son assassin ne se sont pas encore réconciliés, celle-ci a peur des représailles et des divisions.

Loin de se décourager, Rita se fait ambassadrice de la paix. Avec humilité et courage, elle s'emploie à réconcilier les clans ennemis et à pardonner aux assassins. Et elle prie, elle prie avec une grande ferveur le Seigneur, elle lui supplie de faire changer les cœurs...

Quand les deux clans s'accordent enfin mutuellement pardon devant l'évêque de Cascia, elle est autorisée à entrer au monastère où elle restera jusqu'à sa mort en 1457. Rita mérite bien d'être appelée « la sainte de la Réconciliation » ! À l'âge de quarante ans, elle se retrouve enfin au plus près de sa vocation religieuse.

Le stigmate de l'amour

Dans son monastère, Rita se conforme parfaitement aux exigences que réclame son état : prière, obéissance, pauvreté et pénitence.

Le Vendredi Saint de l'an 1442, elle se rend à la paroisse pour l'office de la Passion. La parole du prêtre qui prêche sur la Passion du Christ la frappe vivement. De retour au couvent, encore toute bouleversée, elle demande à Dieu de la faire participer, dans sa chair, aux souffrances du Christ. Voici comment son biographe décrit la scène : « *Alors elle se mit à demander avec la plus extrême ardeur que le Christ lui fasse au moins sentir une de ces épines dont son front avait été percé... Elle l'obtint. Elle sentit non seulement la blessure désirée, mais son front fut désormais affecté d'une plaie incurable qui devait lui rester jusqu'à la mort. Il s'agissait d'une plaie ouverte et profonde qui la faisait atrocement souffrir. La blessure résista à tous les soins ; elle ne se ferma jamais.* » (Depuis cet événement, on la représente d'ailleurs avec une plaie incurable au front.)

Rita se retire ensuite dans sa cellule pour y observer une vie mystique intense. Très vite, des personnes viennent de partout pour lui recommander des intentions de prière, faisant bientôt du monastère un important lieu de pèlerinage, qu'il demeure toujours aujourd'hui.

LA ROSE DE LA DÉVOTION

Après s'être rendue à Rome en 1450 pour le jubilé ou l'« Année d'or » décrétée par le pape, Rita tombe malade. Nous sommes en 1453. Pendant quatre ans elle souffre énormément, mais sans jamais perdre sa patience et sa douceur. Le dernier hiver est particulièrement rigoureux, il neige beaucoup. Une cousine de Roccaporena vient lui rendre visite. Avant de repartir, elle lui demande si elle peut faire quelque chose pour elle. Rita lui répond : « *Je voudrais une rose de mon petit jardin.* » La cousine pense que Rita délire : « *Une rose en plein hiver !...* »

Rentrée à Roccaporena, la cousine a déjà oublié cette demande quand, passant par hasard près de l'ancien jardin de Rita, elle voit une magnifique rose rouge qui s'épanouit sur l'un des rosiers ! Elle la cueille avec émotion et retourne aussitôt à Cascia la porter à Rita.

Par la suite, une bouture de ce rosier sera plantée dans le jardin du monastère où depuis cinq siècles, il vit toujours. Et le 22 mai, fête de sainte Rita, en souvenir de cet épisode, de nombreux fidèles font bénir des roses pour les porter à leur parents ou amis malades et leur communiquer l'espérance que « *rien n'est impossible à Dieu* » !

Une mort radieuse

Le 22 mai 1457, à l'âge de 76 ans, Rita rend l'âme. Trois jours plus tôt, elle avait confié avec ravissement aux soeurs du couvent que Jésus et

Marie étaient venus lui annoncer qu'ils viendraient la chercher. Elle leur rapporta même ce court dialogue :

« — Quand donc, Jésus, pourrais-je venir en ta présence ?

— Bientôt, mais pas encore.

— Et quand donc ?

— Dans trois jours tu seras avec moi ! »

Dès l'annonce de sa mort, le peuple de Cascia proclame « Sainte » cette petite servante du Seigneur, tandis que l'Église catholique, après l'avoir béatifiée en 1628 par le pape Urbain VIII, attendra 1900 et Léon XIII, pour la déclarer officiellement « Sainte », environ cinq siècles après.

Son corps, miraculeusement bien conservé, repose à la basilique Sainte Rita, érigée à Cascia où il y est exposé dans une châsse. Sur son front, plusieurs scientifiques ont constaté la trace d'une lésion sévère.

Quand prier sainte Rita ?

Le mois de mai deviendra le mois de Marie pour tout le monde catholique à partir du XVIIIe siècle. Dans le territoire de Cascia, il restera dédié à la bienheureuse Rita. La bénédiction des roses, le jour du 22 mai, est l'apogée de la fête, en souvenir de la fleur que Rita demanda à sa cousine peu avant de mourir.

Pourquoi prier sainte Rita ?

Sainte Rita, patronne des causes désespérées, des couples et des familles en difficultés, est une femme dont la vie a été effectivement marquée par de nombreuses épreuves.

Mariée par obligation familiale à un homme violent, elle perdra d'abord ses deux enfants puis son mari, avant de rentrer finalement au monastère et d'y rester en profonde communion avec Dieu. Elle y recevra ainsi, dans la prière, un stigmate de la couronne d'épines.

Voilà pourquoi nous pouvons invoquer sainte Rita pour nos peines, difficultés, maladies, violences conjugales, solitudes ou divorces… Nous pouvons aussi lui confier les souffrances de ceux qui nous entourent et de ceux que nous aimons.

Prier sainte Rita est une profession de foi très intense car c'est croire que « TOUT EST POSSIBLE » grâce à son intervention et son intercession auprès de Jésus dont elle est si proche.

CHRISTIC

PRIÈRES

Prière dans la détresse

Sous le poids de la douleur, j'ai recours à toi sainte Rita, si puissante auprès de Dieu, avec la certitude d'être exaucé. Libère mon pauvre cœur des angoisses qui l'oppressent et rends la paix à mon esprit accablé.
Toi qui as été établie par Dieu comme l'avocate des causes désespérées, obtiens-moi la grâce que je demande….. (*exprimer la faveur que l'on désire*). Si mes péchés constituent un obstacle à l'accomplissement de mes prières, obtiens-moi la grâce du repentir et le pardon dans le sacrement de la réconciliation.
Ne permets pas que je répande plus longtemps des larmes d'amertume.
Ô Seigneur, récompense mon espoir en toi et je ferai partout connaître la grandeur de Ta miséricorde envers les affligés.
Ô Rita, épouse admirable du Crucifié qui te fit don d'une des épines de sa couronne, aide-moi à bien vivre et à bien mourir.

Amen

Prière pour demander des grâces par l'intercession de sainte Rita

Ô sainte Rita, que Dieu, dans Son infinie miséricorde, a choisie pour devenir, parmi les saintes du Ciel, l'une des principales bienfaitrices de ceux qui sont aux prises avec les difficultés et en proie à l'affliction, daignez, je vous en supplie humblement, intercéder en faveur de cette intention que je vous recommande avec ferveur... (*on peut la nommer ici*) et lui obtenir une issue favorable, si cela est conforme à la gloire de Dieu et à notre plus grand bien spirituel.

Fortifiez notre foi et notre espérance, aidez-nous à croître dans la charité, enseignez-nous à être toujours plus fidèles à Dieu, notre souverain Seigneur, et à marcher dans l'obéissance à Ses préceptes, afin que nous puissions, nous et ceux qui nous sont chers, recevoir Sa bénédiction, être protégés des maux de l'âme et du corps, recevoir Sa force dans nos épreuves, et accueillir Ses divines consolations, dès maintenant et dans l'éternité.

Ainsi soit-il !

Prière d'un malade pour obtenir la guérison

De mon lit de souffrance, je me tourne vers vous, ô glorieuse sainte Rita, afin d'obtenir votre secours. Durant votre vie sur terre, vous avez toujours témoigné une grande charité envers les malades.
Vous les visitiez, les consoliez et les aidiez de votre mieux. Du Ciel, où vous êtes aujourd'hui, montrez-moi l'efficacité de votre charité, ô mon humble protectrice. Assistez-moi dans mes peines, obtenez-moi la patience et le courage dans mes douleurs, et, si Dieu le juge bon, obtenez-moi une complète guérison, afin que cette maladie me soit une occasion de glorifier la bonté du Seigneur, d'exalter la puissance de votre intercession, mais surtout de me rendre digne, par une vie désormais plus vertueuse, de la gloire dont vous jouissez dans le Ciel.

Ainsi soit-il !

Prière d'aide

Sainte Rita, le Père du ciel vous a donné la grâce
de pouvoir faire des miracles.
Écoutez-moi, qui souffre tant.
Je suis fatigué et sans espoir.
Mais je sais que vous entendez ma plainte.
Sainte Rita, venez à mon aide,
venez à mon secours.

N'êtes-vous pas la Sainte des Impossibles,
l'Avocate des causes désespérées ?
Alors pourquoi aurais-je peur ?

C'est en toute confiance que je m'adresse à vous.

Priez pour moi le Dieu de toute bonté de m'accorder la grâce dont j'ai besoin et que j'espère.

Sainte Rita, priez pour moi
et venez à mon secours.

AMEN

Prière dans les cas difficiles et désespérés

Ô puissante et glorieuse sainte Rita, voici à vos pieds une âme désemparée qui, ayant besoin d'aide, a recours à vous avec la douce espérance d'être exaucée.

À cause de mon indignité et de mes infidélités passées, je n'ose point espérer que mes prières arrivent à forcer le cœur de Dieu, et c'est pour cela que je sens le besoin d'une médiatrice puissante et, c'est vous que j'ai cherchée, sainte Rita, au titre incomparable de sainte des cas impossibles et désespérés.

Ô chère sainte, prenez à cœur ma cause, intervenez auprès de Dieu pour m'obtenir la grâce dont j'ai tant besoin et qu'ardemment je désire........ (*exprimer la grâce que l'on désire*). Ne permettez pas que j'aie à me retirer de vos pieds sans avoir été exaucé.

Si, en moi, quelque chose est obstacle à obtenir la grâce que je demande, aidez-moi à l'écarter, couvrez ma prière de vos précieux mérites et présentez-la à votre céleste Époux en union à la vôtre. Elle sera ainsi enrichie par vous, épouse très fidèle parmi les plus fidèles.

Vous qui avez ressenti les douleurs de sa Passion, comment pourra-t-il la rejeter ou ne point l'exaucer ? Toute ma confiance est donc en vous, et par votre intermédiaire j'attends d'un cœur tranquille l'accomplissement de mes vœux.

Ô chère sainte Rita, que la confiance et l'espoir mis en vous ne soient pas diminués, faites que ma requête ne demeure pas vaine; obtenez-moi de Dieu ce que je demande, alors, à tous, je ferai connaître la bonté de votre cœur et la puissance de votre intercession.

Et vous Cœur adorable de Jésus, qui vous êtes toujours montré si sensible aux plus petites misères de l'humanité, laissez-vous émouvoir par mes besoins, et, sans regarder ma faiblesse et mon indignité, accordez-moi la grâce qui me tient tant à cœur, et que pour moi et avec moi vous demande votre fidèle épouse, sainte Rita.

Oui, pour la fidélité avec laquelle sainte Rita a toujours répondu à la divine grâce, pour tous ces dons dont vous avez voulu combler son âme, pour tout ce qu'elle a souffert en sa vie d'épouse, de mère et comme participante de votre douloureuse Passion, et, enfin, pour l'extraordinaire pouvoir d'intercession par lequel.

Vous avez voulu récompenser sa fidélité, concédez-moi cette grâce qui m'est si nécessaire.

Et Vous, Vierge Marie, notre bonne Mère du Ciel, dépositaire des divins trésors et dispensatrice de toutes les grâces, appuyez de votre puissante intercession celle de votre grande dévote sainte Rita, pour m'obtenir de Dieu la grâce tant désirée.

Ainsi soit-il !

Prière des étudiants

Avec toi, sainte Rita, je me présente à Dieu, sagesse créatrice de l'univers, lumière de l'intellect humain.

Pour apprendre par l'application de l'étude, j'ai besoin d'attention : aide-moi à me concentrer toi qui étais toujours recueillie.

Je désire obtenir la paix intérieure dominant les passions, la tranquillité extérieure fuyant la dissipation.

J'ai besoin d'intuition : rends-moi facile la compréhension de l'essentiel.

J'ai besoin de retenir : viens en aide à ma mémoire.

J'ai besoin, surtout, de m'éduquer au moyen de l'étude, à la vie divine, à vivre dans le temps et dans l'éternité.

Sainte Rita, recommande-moi pour cela à la bonté de Jésus et de la Sainte Vierge.

Merci.

Amen

Prière pour les malades

Ô très doux Cœur de Jésus, avec la même foi et le même amour qui dictèrent à Marthe et Marie ce message : « *Seigneur, celui que tu aimes est malade* » nous aussi, nous t'adressons ces paroles, parce que nous sentons la nécessité de ton aide et de ta miséricorde.

Que vienne ta grâce, ô Jésus, par les mains de Rita, afin que les personnes malades, que nous te recommandons, retrouvent la santé. Fais-le par les mérites de cette sainte, par ses pénitences, par ses atroces douleurs dont elle souffrit pendant les quinze années où elle fut participante de ta douloureuse Passion.

Adresse, ô sainte Rita, une prière à Jésus ton doux Sauveur qui, certainement, t'exaucera, accordant la santé à ces personnes malades qui ont mis en toi leur confiance. Avec toi, nous nous en remettons à la volonté du Père qui agit toujours pour le plus grand bien de ses enfants.

Amen

Prière à sainte Rita

Ô glorieuse sainte Rita, toi qui es dans le Ciel une protectrice puissante auprès de Dieu, nous nous tournons vers toi avec confiance et abandon.
Interviens auprès du Seigneur tout puissant et bon.
Aide-nous auprès de Dieu.
C'est sur ton intercession que nous avons basé notre confiance : couronne nos espoirs, entends nos prières.
Ô Dieu éternel dont la miséricorde est sans mesure et la bonté infinie, nous Te rendons grâce pour les bienfaits que Tu nous accordes par les mérites de sainte Rita.
Ô toi qui es si bonne, sainte Rita, fais que nous devenions de plus en plus dignes de la miséricorde de Dieu et de ta protection.

Ô glorieuse sainte Rita !

Prière efficace à sainte Rita

Ô grande sainte des causes désespérées, sainte Rita de Cascia, je promets de vous offrir 15 roses rouges ou roses, comme celle que vous avez demandée au Bon Dieu, ou de faire un don à votre sanctuaire de Cascia, si vous m'obtenez cette faveur que je désire tant : .... (*dites-lui le souhait qui vous tient à cœur...*)

Bonne sainte Rita, soyez, je vous en prie, mon avocate auprès de la Très Sainte Trinité, et par vos admirables mérites, remportez ma cause que je sais que vous saurez défendre avec succès !

Sainte Rita de Cascia, au Nom de Jésus, ayez pitié de moi !
Sainte Rita de Cascia, au Nom de Jésus, priez pour moi !
Sainte Rita de Cascia, au Nom de Jésus, obtenez-moi un miracle !

Amen

Oraison liturgique
de l'Office de sainte Rita de Cascia

Prions

Ô Dieu, qui avez daigné conférer à sainte Rita une si grande grâce qu'elle ait aimé ses ennemis, et porté dans son cœur et à son front les signes de votre charité et de votre passion ; accordez-nous, nous vous en prions, par son intercession et ses mérites, d'épargner comme elle nos ennemis et de contempler les douleurs de votre Passion ; en sorte que nous obtenions les récompenses promises aux doux et aux affligés, vous qui vivez et régnez, avec Dieu le Père, dans l'unité du Saint-Esprit, dans les siècles des siècles.

Ainsi soit-il !

Prière par l'intercession de sainte Rita

Ô Père éternel et tout puissant, dont la miséricorde est sans mesure et la bonté infinie.
Tu as inspiré à sainte Rita un amour brûlant pour ton Fils Jésus.
Tu as fait d'elle une femme de prière et de paix, courageuse dans les épreuves et toujours prête à pardonner.
Elle intercède maintenant dans le Ciel pour tous ceux qui se tournent vers elle avec confiance et simplicité de cœur.
Qu'elle nous obtienne, Seigneur, la grâce que nous te demandons humblement.
Puissions-nous, comme elle, marcher d'un cœur libre et généreux sur les chemins de l'évangile, et unir dans la foi nos souffrances à celles du Christ, afin de nous retrouver un jour avec elle et tous les saints dans la Joie de la Vie éternelle.

Amen

Hommage quotidien à sainte Rita

Me voici à vos pieds, glorieuse Thaumaturge, qui répandez sur le monde vos insignes bienfaits ; me voici donc pour vous offrir le quotidien hommage de mon cœur reconnaissant et dévoué.

Je vous vénère, ô sainte des Impossibles, gardez moi toujours des malheurs irréparables. Je vous invoque, vous la Mère des désespérées ; éloignez de moi et des miens le désespoir qui est la mort de l'âme. je vous loue, ô Protectrice de la jeunesse ; défendez la jeunesse contre les pièges de l'incrédulité et de la corruption. Je vous bénis, ô Sainte Secourable à toutes les misères humaines; venez à mon aide en toutes mes nécessités. Je vous exalte, ô héroïne de vertu et parce que l'hommage le plus agréable aux Saints et l'Imitation de leur vie, aidez moi à devenir, comme vous, doux, humble, chaste, patient, charitable, bon, pieux, irréprochable dans l'accomplissement de mes devoirs, héroïque pour fuir le péché, même au prix de la vie.

Je vous aime, puissante Protectrice; en vous je place mon espoir.

Demandez à ce Jésus que vous tenez en vos mains, le pardon de mes fautes ; mettez en mon âme une souveraine horreur du péché, soyez moi un bouclier invincible contre les ennemis du corps et de l'âme.

Je vous salue enfin, brillante Étoile du Paradis ! Guidez ceux que j'aime à travers la mer orageuse de cette vie jusqu'au port du Ciel, afin que là aussi nous puissions nous aimer et vous bénir. Et être à jamais heureux avec vous.

AINSI SOIT-IL !

Notre père
Je vous salue Marie
Gloire au Père*

---

* Pour rappel, vous trouverez page 105 et suivantes, toutes ces prières avec le « *Je crois en Dieu* ».

Sainte Rita, Sainte de l'impossible

Sainte de l'Amour en croix,
Des causes désespérées,
Toi qui obtiens du Christ Roi
Des chances inespérées ;

Obtiens pour moi le repos
En ce monde obscur, en flammes ;
Que ta paix laisse un dépôt
Épais, au fond de mon âme.

Sainte des vœux éperdus,
Des demandes les plus chères,
À toi je me suis rendu
Pour transmettre mes prières ;

Et de toi me vient l'espoir
De Ses faveurs, de Ses grâces
Relayées par ton miroir
Qui reflète bien Sa Face.

Toi la sainte du Sauveur,
Sainte des cœurs pris pour cibles ;
Toi qui rends, par ta ferveur,
L'impossible si possible !

Mon cœur fixé sur la claie
Supplie ton intercession
Et je sens déjà mes plaies
Délavées par Sa Passion.

Toi l'envoyée du Seigneur
Auprès des âmes errantes
Pour les guider au Bonheur
Par ta parole souriante ;

Tu portes le crucifix
À un point tel qu'il te porte !
Ton nom évoqué suffit
À nous ouvrir tant de portes !

Toi qui as connu au cloître
L'Évasion, pas la prison,
Qui as vu le roseau croître
En dehors de nos saisons,

Accours bien vite au chevet
Des aigris et des malades ;
Que ton ciel vienne sauver
Les pécheurs de la noyade.

Sainte Rita

Ô Rita, viens au secours
Des familles malheureuses ;
Offre-leur, par Son Amour,
Ta rose miraculeuse.

Ô toi dont l'épine au front
Plante sa graine et rayonne
Dans nos cœurs, sur tous les fronts,
Grâce au don de Sa Couronne !

Sainte Rita, fais-moi vivre

Seigneur, c'est en s'appuyant sur Toi que sainte Rita, Avocate des causes désespérées, a surmonté les situations les plus désespérées.

À sa prière, fais-moi vivre, comme elle, dans la confiance et dans la paix, même dans les moments les plus difficiles de ma vie.

Sainte Rita, je suis accablé(e) et je me tourne vers vous, dans l'espérance d'être exaucé(e), puisque vous êtes la Sainte des impossibles. Délivrez-moi de la peine qui m'oppresse et rendez-moi le calme et l'espérance.

Sainte Rita, vous qui avez tant aimé Jésus crucifié, aidez-moi à vivre les vertus qui vous caractérisaient : douceur, patience, humilité, charité et bonté pour les plus démunis, piété, sens du devoir.

Je me mets sous votre protection. Demandez au Seigneur le pardon de mes péchés et la force de résister à la tentation. Aidez-moi à savoir pardonner comme vous-même avez pardonné aux ennemis de votre famille.

Soutenez les parents dans la tâche si difficile et délicate dans la bonne éducation de leurs enfants. Obtenez de Dieu beaucoup de grâces aux enfants, aux jeunes et aux familles, et aux époux la force, le courage pour vivre ensemble dans la paix, l'amour et la fidélité. Priez pour ceux qui sont durement éprouvés par la mort d'un être cher, pour ceux qui se retrouvent seuls.

Sainte Rita, le Seigneur Dieu vous a fait le don extraordinaire de pouvoir accomplir des miracles, pendant votre vie, et après votre mort, je remets ma cause entre vos mains. Intercédez pour moi. Guidez-moi, et ceux que j'aime, à travers cette vie jusqu'au banquet du Royaume où nous vous retrouverons dans la gloire de Dieu.

Amen

Chant à sainte Rita
Dans l'éternel bonheur...

Dans l'éternel bonheur et la gloire des cieux, tu n'oublies pas, Rita, le monde et ses misères.
Quand je viens, le cœur lourd, vers toi levant les yeux, je sais que, devant Dieu, tu portes nos prières.

Rita ! Pour être en paix toujours, livre-nous ton secret : « *Savoir que Dieu nous aime, répondre à son amour.* »

Un drame te fit veuve avec deux orphelins.
Ils rêvaient de vengeance, et toi de paix chrétienne. À leur mort tu pleuras... mais un jour ton chagrin fleurit en un pardon plus puissant que la haine.

Du Christ, en sa passion, t'émouvaient les outrages. Tu lui offris tes deuils, tes douleurs, ta détresse.
Contre ces dons d'amour, il te laissa en gage d'un diadème princier, l'épine qui te blesse.

Tu as suivi, Rita, la montée longue et rude que l'on fait sans bagage pour atteindre la gloire :
Joie du monde ignorée, joie des Béatitudes...
Jésus te précédait te donnant la victoire.

Rends-nous forts dans la foi, humbles et pénitents. Suffit-il de gémir au pied de ton image ?

Aide-nous, ô Rita, à préparer le temps où le bonheur des Saints sera notre partage !

Sainte Rita est souvent priée pour rétablir l'amour, la paix et l'harmonie dans les couples, comme elle l'a fait dans le sien. Voici quatre prières consacrées à ces questions.

Prière pour les couples en difficulté

Sainte Rita, vous avez beaucoup souffert du caractère violent, brutal de votre mari, mais vous lui êtes restée fidèle, attentionnée, douce, patiente, aimable.

Vous avez tellement prié pour lui qu'il s'est repenti, corrigé et devenu bon époux et bon père.

Sainte Rita, veillez sur les couples en difficulté. Obtenez aux époux la force, le courage pour vivre ensemble dans la paix, l'amour et la fidélité.

Sainte Rita, sainte des causes désespérées, des causes impossibles, j'ai confiance en votre puissante intercession auprès du Seigneur.

Obtenez-moi de Dieu cette espérance confiante qui ne trompe pas et le désir ardent des biens immortels, et je vous prie instamment de m'obtenir aussi la grâce de réconcilier mon couple en difficulté.

Sainte Rita, priez pour nous.

Amen

Prière pour les épouses désespérées

Ô glorieuse sainte Rita, en obéissance à tes parents, tu as accepté de prendre époux et tu es devenue un véritable modèle d'épouse chrétienne. Me voici à tes pieds pour t'ouvrir mon cœur, moi qui ai besoin de l'aide de Dieu et de ta protection.

Toi qui, pendant des années, sans l'avoir mérité, as souffert dans ta vie conjugale, obtiens pour moi du Seigneur la force de rester fidèle à Dieu et à mon époux.
Protège-nous, sanctifie notre travail et bénis ce que nous entreprenons afin que tout se réalise pour la gloire de Dieu et notre bien commun.
Que rien ne vienne troubler notre harmonie.

Ô sainte Rita, que la prospérité règne dans notre maison, que les anges de la paix veillent sur elle, que toute discorde maligne disparaisse, que la charité y règne et que ne vienne jamais à manquer cet amour qui unit deux cœurs et lie deux âmes sauvées par le sang très pur de Jésus.

Ô sainte Rita, porte notre prière devant le Seigneur et fais que nous puissions, mon mari et moi, lorsque le temps sera venu, nous trouver au paradis pour louer Dieu.

AMEN

Prière à sainte Rita pour avoir un enfant

Ô ma glorieuse protectrice, sainte Rita, que le ciel a daigné faire naître à la prière persévérante d'une maman stérile et déjà fort avancée en âge, jetez d'un regard bienveillant sur votre fidèle dévote humblement prosternée devant vous.
Vous avez eu deux fois le bonheur d'être maman et avant la naissance de chacun de vos enfants vous avez demandé à Dieu de les bénir et de pouvoir les élever chrétiennement.

Je vous en prie, ô sainte Rita, obtenez-moi du Seigneur la grâce d'une heureuse maternité. Dès maintenant, je consacre mon enfant au Cœur Sacré de Jésus et à sa divine mère Immaculée, et je le place sous votre puissante protection.

Chère sainte Rita, intercédez pour moi auprès du Seigneur et que sa sainte volonté se réalise en moi-même et en mon enfant.

Amen

Prière pour les couples

Ô glorieuse sainte Rita,

Obtiens de Dieu pour notre couple la force nécessaire pour que nous restions fidèles à Dieu et à nous-même.
Prends soin de nous, bénis notre chemin, pour la gloire de Dieu et pour notre bonheur.
Que rien ne perturbe notre harmonie,
Que notre foyer soit prospère, ô sainte Rita.
Que t'aident les anges de la paix, à en éloigner tout mal et toute dispute,
Que la charité y règne en souveraine, et qu'il n'y ait jamais moins que l'amour qui unit nos cœurs et nos âmes pures rachetées par le sang de Jésus.

AMEN

Dans les cas difficiles et sans espoir

Ô Puissante et Glorieuse sainte Rita, voici à vos pieds une âme désemparée, qui, ayant besoin d'aide, a recours à Vous avec la douce espérance d'être exaucée.

À cause de mon indignité et de mes infidélités passées, je n'ose point espérer que mes prières arrivent à forcer le Cœur de Dieu. C'est pourquoi je sens le besoin d'une médiatrice toute-puissante, et c'est Vous que j'ai choisie, sainte Rita, pour votre titre incomparable de Sainte des cas impossibles et désespérés.

Ô Chère sainte, prenez à cœur ma cause, intervenez auprès de Dieu pour m'obtenir la grâce dont j'ai tant besoin et qu'ardemment je désire...... (*mettre ici votre demande d'intercession*).

Ne permettez pas que j'ai à vous quitter sans être exaucé. Si en moi quelque chose fait obstacle pour obtenir la grâce que je demande, aidez-moi à l'écarter. Couvrez ma prière de vos précieux mérites, et présentez-là à votre Céleste Époux, en union à la vôtre. Ainsi présentée par vous, son épouse fidèle parmi les plus fidèles, vous qui avez ressenti les douleurs de sa Passion, comment pourra-t-il la rejeter ou ne point l'exaucer ?

Tout ma confiance est donc en Vous, et par votre intermédiaire j'attends d'un cœur tranquille l'accomplissement de mes voeux.

Ô chère sainte Rita, que ma confiance et espoir en vous ne soit point déçus, faites que ma requête ne demeure point vaine ; obtenez moi de Dieu ce que je Vous demande ; alors je ferais connaître à tous la bonté de Votre cœur et la toute-puissance de Votre intercession.

Et Vous, Cœur adorable de Jésus, qui vous êtes toujours montré si sensible aux petites misères de l'humanité, laissez-vous émouvoir par mes besoins, et, sans regarder ma faiblesse et mon indignité, accordez-moi la grâce qui m'est tant à Cœur ; et que, pour moi et avec moi, Vous demande Votre fidèle épouse, sainte Rita.

Oui, pour la fidélité avec laquelle sainte Rita a toujours répondu à la grâce Divine, pour tous ses dons, dont vous avez voulu combler son âme, pour tout ce qu'elle a souffert en sa vie d'épouse, de mère, et comme participante de Votre douloureuse Passion, enfin, pour l'extraordinaire pouvoir d'intercession par lequel Vous avez voulu récompenser sa fidélité, accordez-moi cette grâce qui m'est si nécessaire.

Et Vous, Vierge Marie, notre Bonne Mère du Ciel, dépositaire des divins trésors et dispensatrice de toutes les grâces, appuyez de votre puissante intercession celle de votre grande amie, sainte Rita, pour m'obtenir de Dieu la grâce désirée.

AMEN

Prière de protection et éloignement du Mal

Sainte Rita, Dieu notre Père vous a donné la grâce de pouvoir accomplir des miracles et de répandre sur le monde ses bienfaits.
Me voici devant vous pour vous présenter mes demandes et vous dire ma reconnaissance.

Vous que l'on appelle la Sainte des Impossibles, gardez-moi des malheurs irréparables, de tous les esprits malins éloignez de moi et des miens le désespoir, qui est la mort de l'âme.
Aidez-moi à vivre les vertus qui ont marqué votre vie : la douceur, la patience, l'humilité, la charité et la bonté pour les plus démunis, la piété, le sens du devoir et surtout la confiance inébranlable au Seigneur.

Je me mets sous votre protection.
Demandez au Seigneur le pardon de mes péchés et la force de résister à la tentation.
Guidez-moi, guidez ceux que j'aime, à travers cette vie jusqu'au banquet du Royaume où nous vous retrouverons dans la gloire de Dieu.

Amen

Les prières de remerciement

« De tout mon cœur, Seigneur, je rendrai grâce, je dirai tes innombrables merveilles. » (Ps. 9:2)

Pourquoi adresser une prière de remerciement à sainte Rita ?

Adresser une prière à sainte Rita et voir sa demande exaucée est une grande grâce. Sainte Rita exauce régulièrement les demandes des fidèles, comme en témoignent les nombreux ex-votos que vous retrouverez à Cascia ou dans les églises qui lui sont dédiées.

Élevons vers Elle une fervente prière d'action de grâces et redisons-lui notre confiance absolue, Elle qui est aussi la sainte patronne des familles et des couples en difficultés !

Prière d'actions de grâces

Père du Ciel je te loue et te rends grâces.
Mon cœur est à la joie, mon âme est dans la Paix.
Je te loue et te rends grâces pour le signe que tu m'as donné de ton amour.
Je crois que sainte Rita s'est tenue devant toi intercédant en ma faveur.
Je l'en remercie aussi, puisqu'elle ne fait qu'un avec Toi et qu'en l'aimant je t'aime, et qu'en la faisant connaître je te fais connaître.

Aujourd'hui je suis dans la joie, certainement il y aura d'autres épreuves mais je sais aussi qu'un jour auprès de toi, il n'y aura plus « ni pleurs, ni cris, ni deuils ».

Donne-moi, Père, de te suivre désormais dans la fidélité à l'Évangile, l'engagement d'une vie chrétienne, l'espérance de ton jour.

Amen

Prière de remerciement

C'est le cœur profondément ému et troublé qu'aujourd'hui je viens à Vous, ô glorieuse et puissante sainte Rita.

À l'heure du danger, au moment où mon bonheur et celui de ceux qui me sont chers était menacé, je Vous ai imploré, l'âme affligée et remplie d'appréhension… Je Vous ai suppliée, Vous que tous appellent la Sainte de l'impossible, l'Avocate des cas désespérés, le Refuge de la dernière heure !… Ma confiance en Vous ne fut pas déçue.

Je retourne à vous maintenant, non plus les larmes de la souffrance aux yeux, mais la joie et la sérénité au cœur, Vous offrir ma reconnaissance infinie.

Cette joie, cette sérénité, c'est à Vous que je la dois, chère Sainte, à Vous qui êtes intervenue en ma faveur auprès de Dieu, malgré mon indignité, et m'avez obtenu la grâce que je désirais. Je voudrais mieux Vous exprimer le profond sentiment de reconnaissance dont mon cœur est rempli, ô Sainte Thaumaturge, ô consolatrice des affligés, mais le trouble même provoqué par le bonheur d'avoir obtenu cette grâce paralyse mes expressions, et je ne sais plus que murmurer : Merci... merci... sainte Rita !...

Alors, pour Vous démontrer d'une façon plus réelle ma reconnaissance infinie, je Vous promets de diffuser avec un zèle de plus en plus grand la connaissance de votre culte, de Vous faire aimer par ceux qui Vous ignorent encore, et n'ont pas comme moi le bonheur d'avoir expérimenté votre bienfaisance infinie.

Je Vous promets d'aider, autant que mes possibilités me le permettent, à l'entretien de votre culte, et d'assister autant que possible aux offices célébrés en votre honneur.

Pour me rendre toujours plus digne de l'aide du Ciel et de votre sainte protection, je prends la résolution, à partir d'aujourd'hui, d'accomplir avec une plus grande conscience et ferveur mes devoirs chrétiens.

Ô chère sainte Rita, je Vous confie le soin de présenter à Dieu ces sincères résolutions, et de le remercier pour moi de la grâce généreusement accordée.

Veuillez enfin ne jamais m'abandonner, et continuez à me garder votre sainte et active protection afin qu'après en avoir profité sur cette terre, je puisse un jour Vous retrouver au Ciel et Vous dire mieux toute ma reconnaissance.

Ainsi soit-il !

CHRISTIC

NEUVAINES

La neuvaine marque un rituel très fort : il s'agit d'un ensemble de 9 prières, à adresser à sainte Rita pendant 9 jours, sans omission. Vous pouvez accomplir cette démarche de façon personnelle, ou bien dans le cadre d'un pèlerinage. Vous renforcerez votre prière de neuvaine en laissant brûler pendant les 9 jours une bougie adaptée (bougie de neuvaine), ou bien en utilisant lors de chaque prière une poignée d'encens de sainte Rita.

Faire une neuvaine de prière, c'est réaliser un acte de foi et d'adoration envers Dieu. Pour être le plus complètement tourné vers Dieu, vous pouvez choisir un lieu où vous sentirez chaque jour au calme et en confiance afin de vous recueillir pleinement. Cela peut être chez vous, dans une église ou dans un autre endroit propice à la communion avec Dieu.

Faites chaque jour votre prière de neuvaine au même endroit et à la même heure, pour favoriser votre recueillement.

La date considérée comme la plus favorable est le 14 mai : en effet, une neuvaine commencée ce jour-là se terminera le 22 mai, date de la fête de la sainte Rita.

Cette période est d'ailleurs fréquemment appelée « la grande neuvaine de sainte Rita ».

Voici rassemblées ici pour vous deux belles neuvaines.

- 1 -

Premier jour

Sainte Rita, enfant aimable et pieuse, jeune fille respectueuse, serviable et dévouée envers les parents, obtenez de Dieu beaucoup de grâces aux enfants, aux jeunes et aux familles.

▸ Sainte Rita, sainte des causes désespérées, des causes impossibles, j'ai confiance en votre puissante intercession auprès du Seigneur. Obtenez-moi de Dieu « l'espérance confiante » qui ne trompe pas et le désir ardent des biens immortels, et je vous prie instamment de m'obtenir aussi la grâce…
(*exprimer la grâce que l'on désire*)

> *Notre Père, Je vous salue Marie* (3 fois)
> *Gloire au Père.*

Sainte Rita, priez pour nous.

Deuxième jour

Sainte Rita, vous avez toujours accueilli
les pauvres, secouru les malades avec tant
de douceur, de générosité, de bienveillance.
Vous donniez du pain et de la nourriture,
des soins, mais aussi de l'affection fraternelle.
Aidez-nous à être bons et généreux envers
ceux qui souffrent.

▸ Sainte Rita, sainte des causes désespérées,
des causes impossibles, j'ai confiance en votre
puissante intercession auprès du Seigneur.
Obtenez-moi de Dieu « l'espérance confiante »
qui ne trompe pas et le désir ardent des biens
immortels, et je vous prie instamment
de m'obtenir aussi la grâce...
(*exprimer la grâce que l'on désire*)

Notre Père, Je vous salue Marie (3 fois)
Gloire au Père.

Sainte Rita, priez pour nous.

Troisième jour

Sainte Rita, vous avez beaucoup souffert
du caractère violent, brutal de votre mari,
mais vous lui êtes restée fidèle, attentionnée,
douce, patiente, aimable. Vous avez tellement
prié pour lui qu'il s'est repenti, corrigé
et est devenu bon époux et bon père.
Sainte Rita, veillez sur les foyers.
Obtenez aux époux la force, le courage
pour vivre ensemble dans la paix, l'amour
et la fidélité.

▸ Sainte Rita, sainte des causes désespérées,
des causes impossibles, j'ai confiance en votre
puissante intercession auprès du Seigneur.
Obtenez-moi de Dieu « l'espérance confiante »
qui ne trompe pas et le désir ardent des biens
immortels, et je vous prie instamment
de m'obtenir aussi la grâce...
(*exprimer la grâce que l'on désire*)

Notre Père, Je vous salue Marie (3 fois)
Gloire au Père.

Sainte Rita, priez pour nous.

Quatrième jour

Sainte Rita, vous avez apporté tant de soins,
de patience, de douceur mais aussi de fermeté
dans l'éducation de vos enfants, leur donnant
toujours le bon exemple.
Soutenez les parents dans la tâche si difficile
et délicate, si importante, dans la bonne
éducation de leurs enfants.

▸ Sainte Rita, sainte des causes désespérées,
des causes impossibles, j'ai confiance en votre
puissante intercession auprès du Seigneur.
Obtenez-moi de Dieu « l'espérance confiante »
qui ne trompe pas et le désir ardent des biens
immortels, et je vous prie instamment
de m'obtenir aussi la grâce...
(*exprimer la grâce que l'on désire*)

Notre Père, Je vous salue Marie (3 fois)
Gloire au Père.

Sainte Rita, priez pour nous.

Cinquième jour

Sainte Rita, vous avez été durement éprouvée
par la mort de votre époux puis de vos deux fils.
Vous avez connu la solitude, seule dans une
maison déserte.
Vous avez donné tout votre temps à la prière,
à l'accueil des pauvres, aux soins des malades.
Priez pour ceux qui sont durement éprouvés
par la mort d'un être cher, pour ceux qui
se retrouvent seuls.

‣ Sainte Rita, sainte des causes désespérées,
des causes impossibles, j'ai confiance en votre
puissante intercession auprès du Seigneur.
Obtenez-moi de Dieu « l'espérance confiante »
qui ne trompe pas et le désir ardent des biens
immortels, et je vous prie instamment
de m'obtenir aussi la grâce…
(*exprimer la grâce que l'on désire*)

Notre Père, Je vous salue Marie (3 fois)
Gloire au Père.

Sainte Rita, priez pour nous.

Sixième jour

Sainte Rita, penchez-vous avec bonté vers ceux qui vous invoquent, ne sachant plus où aller et qui sont las, découragés, prêts à succomber au désespoir.
Exaucez nos prières, soulagez nos souffrances, et essuyez nos larmes.

▸ Sainte Rita, sainte des causes désespérées, des causes impossibles, j'ai confiance en votre puissante intercession auprès du Seigneur. Obtenez-moi de Dieu « l'espérance confiante » qui ne trompe pas et le désir ardent des biens immortels, et je vous prie instamment de m'obtenir aussi la grâce…
(*exprimer la grâce que l'on désire*)

Notre Père, Je vous salue Marie (3 fois)
Gloire au Père.

Sainte Rita, priez pour nous.

Septième jour

Sainte Rita, partout, toujours, dans toutes les circonstances et les états de vie, vous avez été modèle de piété, d'humilité, de générosité, de patience, de charité.
Aidez-nous à devenir, à rester toujours humbles et petits devant Dieu, bons et généreux envers notre prochain.

▸ Sainte Rita, sainte des causes désespérées, des causes impossibles, j'ai confiance en votre puissante intercession auprès du Seigneur. Obtenez-moi de Dieu « l'espérance confiante » qui ne trompe pas et le désir ardent des biens immortels, et je vous prie instamment de m'obtenir aussi la grâce...
(*exprimer la grâce que l'on désire*)

Notre Père, Je vous salue Marie (3 fois)
Gloire au Père.

Sainte Rita, priez pour nous.

Huitième jour

Sainte Rita, animée d'un grand amour de Jésus crucifié, désirant partager ses souffrances pour sauver les âmes, vous avez été marquée au front d'une plaie de la couronne d'épines du Christ.
Obtenez-nous de mieux comprendre le prix du sang versé par Jésus-Christ, la grandeur de son amour dans le don qu'Il fit de sa vie, pour nous racheter du péché.

▸ Sainte Rita, sainte des causes désespérées, des causes impossibles, j'ai confiance en votre puissante intercession auprès du Seigneur. Obtenez-moi de Dieu « l'espérance confiante » qui ne trompe pas et le désir ardent des biens immortels, et je vous prie instamment de m'obtenir aussi la grâce…
(exprimer la grâce que l'on désire)

Notre Père, Je vous salue Marie (3 fois)
Gloire au Père.

Sainte Rita, priez pour nous.

Neuvième jour

Sainte Rita, vous aimiez méditer les paroles
de Jésus, vous nourrir de l'Évangile.
Vous aviez une confiance totale en la divine
Providence.
Vous aimiez de tout votre cœur Dieu
et le prochain.
Obtenez-nous une foi vive, une espérance
forte, une charité toujours grandissante.

▸ Sainte Rita, sainte des causes désespérées, des
causes impossibles, j'ai confiance en votre
puissante intercession auprès du Seigneur.
Obtenez-moi de Dieu « l'espérance confiante »
qui ne trompe pas et le désir ardent des biens
immortels, et je vous prie instamment
de m'obtenir aussi la grâce...
(*exprimer la grâce que l'on désire*)

Notre Père, Je vous salue Marie (3 fois)
Gloire au Père.

Sainte Rita, priez pour nous.

- 2 -

Premier jour

Sainte Rita, vous pouvez intercéder efficacement auprès du Seigneur Dieu.
Je viens vous implorer pour obtenir l'aide dont j'ai besoin dans l'épreuve que je traverse en ce moment.
Votre naissance a été, pour vos parents, un signe de Dieu qui répondait à leurs prières.
Obtenez-moi l'esprit de confiance en la bonté de Dieu, le don de confiance et la persévérance dans la prière.
Je suis certain de la protection du Dieu de toute bonté sur chacune de ses créatures.
Apprenez-moi à l'aimer, à croire en sa puissance et à espérer en sa tendresse.

Amen

Deuxième jour

Sainte Rita, dès votre jeunesse, vous avez
compris combien il est bon de se donner
au Seigneur Dieu et vous l'avez servi
avec un cœur rempli d'amour.
Votre pouvoir auprès de Dieu est grand :
veuillez jeter sur moi un regard de bonté.
Obtenez-moi de Jésus le pardon de mes
péchés, la force de pratiquer la charité
et la grâce particulière que j'implore.
Sainte Rita, vous êtes l'avocate des causes
désespérées : répondez à ma confiance
et venez à mon secours.

Amen

Troisième jour

Sainte Rita, vous avez su, avec héroïsme,
pardonner à tous : à votre mari, à votre prochain et même aux assassins de votre mari.
Aidez-moi, je vous prie, à savoir pardonner
à tous ceux qui pourraient avoir des torts
à mon égard.
Je ne veux pas seulement vous admirer,
mais aussi vous imiter.
Obtenez-moi de savoir pardonner, comme
Jésus a pardonné à ses ennemis, comme
vous-même avez pardonné aux ennemis
de votre famille.
J'obtiendrai ainsi de Dieu, par votre intercession,
le pardon de mes propres péchés et la grâce
particulière que je vous demande.

Amen

Quatrième jour

Sainte Rita, je suis souvent assailli par le découragement et incapable de tenir mes résolutions.
Vous avez été persévérante, à l'égard de votre mari, à l'égard de vos enfants : par votre douceur et votre prière, vous avez obtenu un changement dans leur attitude et leur cœur.
Vous avez aussi été persévérante pour entrer dans la vie religieuse, malgré les refus qui vous été opposés.
Venez en aide à ma faiblesse pour obtenir les grâces qui me sont nécessaires pour tenir le coup dans mes résolutions.
Sainte Rita, accordez-moi votre aide et que le Seigneur m'accorde la grâce que je sollicite de sa bonté.

Amen

Cinquième jour

Sainte Rita, vous avez aimé d'un amour
particulier le Christ en croix.
Obtenez-moi de savoir accepter la souffrance,
en union avec celle du Seigneur Jésus,
qui m'invite à porter sa croix à sa suite.
Aidez-moi à savoir aider les autres dans
les souffrances qui leur surviennent
et de lutter, de toutes mes forces,
contre toutes les formes du mal.
Sainte Rita, avec vous, je veux faire
aujourd'hui quelques gestes de pénitence
pour obtenir du Seigneur la grâce
que je lui demande.

AMEN

Sixième jour

Sainte Rita, obtenez-moi la charité envers
mon prochain.
Toute votre vie, vous avez été attentive
aux plus pauvres et n'avez jamais compté
votre temps pour secourir les autres.
Je récite souvent l'acte de charité, mais
mes actes ne sont pas toujours en accord
avec mes paroles.
Que, par votre intermédiaire, le Seigneur
chasse de mon cœur toute forme d'égoïsme
et de repli sur soi-même.
Souvenez-vous de la grâce que je vous
demande au cours de cette neuvaine
et intercédez pour moi.

Amen

Septième jour

Sainte Rita, venez à mon secours.
Je suis héritier du Royaume de Dieu :
Jésus l'a promis.
Et pourtant je l'oublie sans cesse
et je me laisse envahir par le souci exclusif
des biens de ce monde.
J'attache mon cœur.
Vous ne viviez que dans l'attente
des promesses du Seigneur.
Mettez en moi les pensées qui animaient
votre cœur.
Obtenez-moi de notre Sauveur la grâce
que je sollicite avec confiance.

Amen

Huitième jour

Sainte Rita, le Seigneur Dieu vous a fait
le don extraordinaire de pouvoir accomplir
des miracles, et pendant votre vie,
et après votre mort.
J'ai confiance en Dieu et j'ai aussi confiance
en votre assistance.
Servez-vous de ce pouvoir qui vous a été
donné par Dieu.
Augmentez en moi le don de la Foi
et de la confiance en la tendresse de Dieu
pour ses enfants.
Sainte Rita, je remets ma cause entre vos
mains. Intercédez pour moi.

Amen

NEUVIÈME JOUR

Sainte Rita, vous êtes dans la Gloire de Dieu.
Je vous adresse cette dernière prière, humble
et confiante.
J'aspire, moi aussi, à entrer un jour
dans le Royaume du Père.
Malgré mes péchés, j'ai confiance
en la miséricorde de Dieu.
Soyez mon avocate auprès du Père et de toute
bonté : obtenez le pardon pour mon passé
et ma persévérance pour l'avenir.
Aidez-moi à me corriger de mes défauts
et à faire pénitence.
Augmentez ma confiance.
Obtenez-moi la grâce d'une bonne mort :
qu'elle soit le passage à la maison du Père, où
je pourrai le contempler, le louer, le remercier,
avec vous, pour l'éternité.
Sainte Rita, avocate des causes désespérées,
écoutez ma prière et exaucez-là.

AMEN

CHRIS✝IC

LITANIES

- 1 -

Seigneur, prends pitié,
Ô Christ, prends pitié,
Seigneur, prends pitié,
Père céleste, toi de qui vient tout don parfait,
prends pitié de nous,
Seigneur Jésus, toi qui nous sauves
de tout mal, prends pitié de nous,
Esprit Saint, toi en qui nous trouvons la paix,
prends pitié de nous,
Trinité Sainte, Dieu vivant et véritable,
prends pitié de nous,
Sainte Marie, Mère de Dieu, prie pour nous,
Sainte Rita, avocate puissante auprès de Dieu,
prie pour nous,
Sainte Rita, joie de tes parents âgés,
prie pour nous,
Sainte Rita, amie de la solitude
dès ton enfance, prie pour nous,
Sainte Rita, généreuse et bienveillante
envers tous, prie pour nous,
Sainte Rita, accueillante et fidèle à la Volonté
de Dieu, prie pour nous,

Sainte Rita, femme remplie de force
et de douceur, prie pour nous,
Sainte Rita, épouse aimante et patiente,
prie pour nous,
Sainte Rita, mère courageuse dans les
épreuves, prie pour nous,
Sainte Rita, toujours prête à pardonner,
prie pour nous,
Sainte Rita, toujours confiante
en la Providence de Dieu, prie pour nous,
Sainte Rita, toujours ardente à servir la paix,
prie pour nous,
Sainte Rita, obéissante à l'appel de Dieu,
prie pour nous,
Sainte Rita, pleine de charité fraternelle,
prie pour nous,
Sainte Rita, pleine d'attention pour
les pauvres, prie pour nous,
Sainte Rita, unie par ta blessure à la passion
de Jésus, prie pour nous,
Sainte Rita, sereine devant la maladie
et la mort, prie pour nous,
Sainte Rita, bienheureuse dans la gloire
du Ciel, prie pour nous,
Sainte Rita, fidèle compagne sur le chemin
de nos vies, prie pour nous,

Sainte Rita, réconfort de ceux qui souffrent, prie pour nous,
Sainte Rita, toi notre recours dans les causes perdues, prie pour nous, sainte Rita, toi notre espérance dans les cas impossibles, prie pour nous, sainte Rita, toi notre soutien dans les situations désespérées, prie pour nous,

Agneau de Dieu, qui enlèves les péchés du monde, pardonne-nous, Seigneur,
Agneau de Dieu, qui enlèves les péchés du monde, exauce-nous, Seigneur,
Agneau de Dieu, qui enlèves les péchés du monde, prends pitié de nous, Seigneur,

Prions

Seigneur Jésus, toi qui as donné à sainte Rita la grâce d'aimer ses ennemis et de participer à ta passion, accorde-nous, par sa vivante intercession, de comprendre l'amour infini que tu nous manifestes sur la Croix et de savoir nous aussi prier pour nos ennemis. Toi qui vis et règnes avec le Père et le Saint Esprit, maintenant et pour les siècles des siècles.

AMEN

- 2 -

Seigneur, ayez pitié de nous. (bis)
Jésus-Christ, ayez pitié de nous. (bis)
Seigneur, ayez pitié de nous. (bis)

Jésus-Christ, écoutez-nous. (bis)
Jésus-Christ, exaucez-nous. (bis)

Père céleste qui êtes Dieu, ayez pitié de nous.
Fils, Rédempteur du monde qui êtes Dieu,
ayez pitié de nous.
Esprit-Saint qui êtes Dieu, ayez pitié de nous.
Sainte Trinité qui êtes un seul Dieu,
ayez pitié de nous.

Marie, immaculée Mère de Dieu,
priez pour nous.
Marie, Reine et réconfort des affligés,
priez pour nous.
Marie, Reine de tous les saints,
priez pour nous.
Marie, protectrice aimante de sainte Rita,
priez pour nous.

Sainte Rita, notre avocate toute puissante,
priez pour nous.
Sainte Rita, don choisi du ciel,
priez pour nous.
Sainte Rita prédestinée à la gloire,
priez pour nous.
Sainte Rita, admirable dès l'enfance,
priez pour nous.
Sainte Rita, désireuse de la solitude,
priez pour nous.
Sainte Rita, modèle de pureté,
priez pour nous.
Sainte Rita, exemple d'amabilité,
 priez pour nous.
Sainte Rita, miroir d'obéissance,
priez pour nous.
Sainte Rita, modèle des épouses et des mères,
priez pour nous.
Sainte Rita, invincible dans la patience,
priez pour nous.
Sainte Rita, admirable d'énergie,
priez pour nous.
Sainte Rita, héroïque dans le sacrifice,
priez pour nous.
Sainte Rita, généreuse dans le pardon,
priez pour nous.

Sainte Rita, martyre de pénitence, priez pour nous.
Sainte Rita, veuve très sainte, priez pour nous.
Sainte Rita, magnifique pour les pauvres,
priez pour nous.
Sainte Rita, prompte à suivre la vocation,
priez pour nous.
Sainte Rita, miraculeusement appelée
au cloître, priez pour nous.
Sainte Rita, modèle de vie religieuse,
priez pour nous.
Sainte Rita, miracle de mortification,
priez pour nous.
Sainte Rita, vase de myrrhe odorante,
priez pour nous.
Sainte Rita, jardin choisi de toutes les vertus,
priez pour nous.
Sainte Rita, pleine d'amour pour le Crucifié,
priez pour nous.
Sainte Rita, transpercée par une épine de
Jésus, priez pour nous.
Sainte Rita, fille aimante de Marie,
priez pour nous.
Sainte Rita, languissante d'amour divin,
priez pour nous.
Sainte Rita, reçue avec joie au Ciel,
priez pour nous.

Sainte Rita, parée d'une gloire sublime,
priez pour nous.
Sainte Rita, perle du Paradis, priez pour nous.
Sainte Rita, gloire de l'Ordre Augustinien,
priez pour nous.
Sainte Rita, pierre précieuse de l'Ombrie,
priez pour nous.
Sainte Rita, d'une extraordinaire puissance,
priez pour nous.
Sainte Rita, astre bienfaisant des égarés,
priez pour nous.
Sainte Rita, sûr réconfort des éprouvés,
priez pour nous.
Sainte Rita, ancre de salut, priez pour nous.
Sainte Rita, protectrice des malades,
priez pour nous.
Sainte Rita, secours dans les dangers,
priez pour nous.
Sainte Rita, sainte des impossibles,
priez pour nous.
Sainte Rita, avocate des cas désespérés,
priez pour nous.
Sainte Rita, secours pour tous,
priez pour nous.
Sainte Rita, merveille du monde,
priez pour nous.

Agneau de Dieu, qui effacez les péchés
du monde, pardonnez-nous, Seigneur.
Agneau de Dieu, qui effacez les péchés
du monde, exaucez-nous, Seigneur.
Agneau de Dieu, qui effacez les péchés
du monde, ayez pitié de nous.

V./ : Priez pour nous, glorieuse sainte Rita.
R./ : Afin que nous soyons rendus dignes des
promesses de Notre-Seigneur Jésus-Christ.

Oraison

Ô Dieu, qui avez daigné donner à sainte Rita
la grâce d'aimer ses ennemis, et de porter en
son cœur et sur son front les marques de
Votre Charité et de Votre Passion, nous Vous
en supplions, par son intercession et par ses
mérites, donnez-nous de savoir pardonner
nous aussi à nos ennemis, et de contempler
les douleurs de Votre Passion, afin d'obtenir
les récompenses que Vous avez promises pour
les doux et pour les affligés. Ô Vous qui vivez
et régnez avec le Père dans du Saint-Esprit, un
seul Dieu, pour les siècles des siècles.

Ainsi soit-il !

CHRIS✝IC

TRIDUUM

Le Triduum pascal est une période de trois jours pendant laquelle l'Église célèbre la Passion, la Mort et la Résurrection de Jésus et qui s'étend de la messe vespérale du Jeudi Saint aux vêpres du dimanche de Pâques.

Le mot « triduum » désigne également trois jours d'une prière plus instante pour une action de grâces, en vue d'une intention particulière.

Premier jour

Ô puissante sainte Rita, avocate de toute cause urgente, écoutez avec bienveillance les suppliques d'un cœur angoissé et veuillez m'obtenir la grâce dont j'ai tant besoin.

Notre Père
Je vous salue Marie
Gloire au Père

Deuxième jour

Ô puissante sainte Rita, avocate des causes désespérées, sûr de la puissance de votre protection, j'ai recours à vous.
Veuillez bénir le ferme espoir d'obtenir par votre intercession la grâce dont j'ai besoin.

Notre Père
Je vous salue Marie
Gloire au Père

Troisième jour

Ô puissante sainte Rita, secours de la dernière heure, à Vous, j'ai recours avec foi et amour, étant Vous mon dernier refuge en cette occasion. Intercédez pour moi, et je vous bénirai pour toute l'éternité.

Notre Père
Je vous salue Marie
Gloire au Père

CHAPELET À SAINTE RITA

Pour cette prière, il faut prendre un chapelet de dévotion à sainte Rita comme celui représenté ci-contre.

1 – Sur la médaille on fait le Signe de la Croix : « *Au nom du Père, du Fils et du Saint Esprit.* »

2 – Sur le premier grain, on récite le *Notre Père*.

3 – Sur les sept premiers grains, on récite sept *Je Vous Salue Marie* avec une *clausule* :

« Je vous salue Marie pleine de grâces, le Seigneur est avec Vous, Bénie êtes-vous entre toutes les femmes, et béni est le fruit de vos entrailles, Jésus, qui veuille nous accorder la pardon de nos péchés par l'intercession de sainte Rita. Sainte Marie, Mère de Dieu, priez pour nous pauvres pécheurs, maintenant et à l'heure de notre mort.

AMEN. »

4 – Sur le grain suivant : un *Gloire au Père*.

5 – Sur les sept grains suivants, on récite sept *Je Vous Salue Marie*, avec la *clausule* suivante :
«... et béni est le fruit de vos entrailles, Jésus, qui veuille nous délivrer de tous les maux du corps et de l'âme par l'intercession de sainte Rita ».

6 – Sur le grain suivant : un *Gloire au Père*.

7 – Sur les sept derniers grains, on récite sept *Je Vous Salue Marie* avec cette dernière *clausule* :
«... et béni est le fruit de vos entrailles, Jésus, qui veuille nous aider dans tous nos besoins et nos inquiétudes par l'intercession de sainte Rita. »

8 – On termine par un *Gloire au Père*.

Des roses en l'honneur de sainte Rita

Comme nous l'avons déjà évoqué, sainte Rita était mourante lorsqu'elle demanda à sa cousine venue lui rendre visite d'aller cueillir une rose dans le jardin. Il avait neigé ce jour-là et la personne qui sortit dehors le fit sans conviction, persuadée qu'il n'y aurait pas de rose sous la neige. Elle fut bien étonnée lorsqu'elle trouva finalement une rose, unique, dans le jardin.

Pour remercier sainte Rita d'une grâce obtenue par son intercession, on lui offre donc toujours 15 roses de couleur rouge ou rose en mémoire de ce miracle.

Et pourquoi 15 roses ?

En souvenir des quinze années durant lesquelles elle a supporté la souffrance de l'épine de la Couronne du Christ qui était enfoncée dans son front.

Il faut savoir aussi que l'on n'offre pas de roses blanches à sainte Rita, ni de roses jaunes. La tradition veut qu'elles soient rouges ou roses.

En mai 2017, pour la troisième fois en 60 ans, le corps de Sainte Rita, conservé intact, fut sorti de son enclos de verre, à Cascia en Italie.

Un parfum de rose qui lui est caractéristique a rempli alors tout le sanctuaire !

Aussi présentons avec confiance et humilité nos demandes au Seigneur par la voix de sainte Rita qui plaide pour nous auprès de Lui.

Prière des fidèles au cours de la Bénédiction des Roses

Dieu d'amour, ta grâce a accompagné la route
de sainte Rita ; accorde-nous aussi ton soutien
pour que nous vivions la vocation
à la sainteté.
Prions le Seigneur.

Ô Dieu de tendresse, tu as donné une rose
à Rita en signe délicat de ton amour,
que nous devenions aussi des instruments
de consolation et de paix.
Prions le Seigneur.

Ô Dieu de toutes les beautés, ces fleurs
et la création tout entière nous parlent de toi,
dans le monde d'aujourd'hui, aide-nous à être
le parfum et la mémoire du Christ.
Prions le Seigneur.

CHRISTIC

EN COMPLÉMENT

Nice, l'église de l'Annonciation.

Les sanctuaires

De nombreuses églises, chapelles et sanctuaires ont été consacrés à sainte Rita de Cascia. La plupart portent son nom et vous y trouverez des représentations de la Sainte de l'Impossible, que ce soient des statues, des tableaux ou une relique qui vous permettront plus facilement de l'invoquer.

Sainte Rita est honorée partout en Italie, mais également en France : à Paris, on trouve une chapelle dédiée à sainte Rita très fréquentée dans le quartier de Pigalle, inaugurée en 1956. À Nice aussi, dans la petite église de l'Annonciation transformée en chapelle ardente.

Mais on la retrouve aussi en Amérique latine jusqu'en Orient, où elle est invoquée pour la paix et pour les « causes désespérées ».

Qui mieux que sainte Rita, dont la vie entière fut traversée par de douloureuses épreuves, pour apprendre la confiance et l'espérance, dans les moments où tout semble bloqué et condamné ?

Voici quelques lieux parmi les plus connus en France.

Nice, Église de l'Annonciation
Marseille, Église Sainte-Rita (Les Trois-Lucs)
Toulouse, Église Sainte-Rita
Béziers, Chapelle Sainte-Rita
Chateaubriant, Église Saint-Jean de Béré
Maubeuge, Église du Sacré-Cœur
Mont-Saint-Aignan, Église Sainte-Marie
Paris, Chapelle Sainte-Rita
Paris, Église Saint-Ambroise
Paris, Église Saint-Jean-Baptiste de Grenelle
Paris, Église Sainte-Rita (Église Catholique Gallicane)
Rouen, Église Saint-Clément
Toulon, Chapelle Notre-Dame de l'Espérance Sainte-Rita
Fontenay-Aux-Roses, Chapelle Sainte-Rita
Vendeville, Église Saint-Eubert

Prière pour la vie

Nous ne pouvions pas terminer cet ouvrage sans également célébrer Marie. Voici une prière du Saint pape Jean-Paul II, donnée à Rome, prés de Saint-Pierre, le 25 mars 1995, solennité de l'Annonciation du Seigneur.

Ô Marie Aurore du monde nouveau,
Mère des vivants,
Nous te confions la cause de la vie :
Regarde, ô Mère, le nombre immense
Des enfants que l'on empêche de naître,
Des pauvres pour qui la vie est rendue difficile,
Des hommes et des femmes victimes d'une violence inhumaine,
Des vieillards et des malades tués par l'indifférence
Ou par une pitié fallacieuse.
Fais que ceux qui croient en ton Fils
Sachent annoncer aux hommes de notre temps
Avec fermeté et avec amour l'Évangile de la Vie.
Obtiens leur la grâce de l'accueillir
Comme un don toujours nouveau,
La joie de le célébrer avec reconnaissance
Dans toute leur existence

Et le courage d'en témoigner
Avec une ténacité active, afin de construire,
Avec tous les hommes de bonne volonté,
La civilisation de la vérité et de l'amour,
À la louange et à la gloire de Dieu
Créateur qui aime la Vie.

Notre Père

Notre Père, qui es aux cieux,
que Ton Nom soit sanctifié,
que ton Règne vienne,
que Ta volonté soit faite sur la terre
comme au ciel.
Donne-nous aujourd'hui notre pain quotidien, pardonne-nous nos offenses comme nous pardonnons aussi à ceux qui nous ont offensés, et ne nous laisse pas entrer en tentation, mais délivre-nous du mal.

Amen.

Je vous salue Marie

Je vous salue Marie,
pleine de grâces,
le Seigneur est avec Vous ;
Vous êtes bénie entre toutes les femmes,
et Jésus, le fruit de vos entrailles, est béni.
Sainte Marie, Mère de Dieu,
priez pour nous, pauvres pécheurs,
maintenant et à l'heure de notre mort.

Amen.

Je crois en Dieu

Je crois en Dieu,
le Père tout-puissant,
Créateur du ciel et de la terre
et en Jésus-Christ
Son Fils unique,
Notre Seigneur ;
qui a été conçu du Saint-Esprit,
est né de la Vierge Marie ;
a souffert sous Ponce Pilate,
a été crucifié, est mort,
et a été enseveli ;
est descendu aux enfers
le troisième jour est ressuscité des morts ;
est monté aux cieux,
est assis à la droite de Dieu
le Père tout-puissant ;
d'où Il viendra juger
les vivants et les morts.
Je crois au Saint-Esprit,
à la sainte Église Catholique,
à la communion des Saints,
à la rémission des péchés,
à la résurrection de la chair,
à la vie éternelle.

Amen.

Gloire au Père

Gloire au Père et au Fils
et au Saint-Esprit.
Comme il était au commencement,
maintenant et toujours,
et dans les siècles des siècles.

Amen.

Prière à saint Joseph face à l'épidémie

Saint Joseph protégez le Monde.

Éclairez les responsables du bien commun, afin qu'ils sachent – comme vous – comment prendre soin des personnes qui leur sont confiées.

Donnez l'intelligence de la science à ceux qui recherchent des moyens adéquats pour la santé et le bien-être physique de leurs frères et sœurs.

Soutenez ceux qui se dépensent pour les nécessiteux : bénévoles, infirmières, médecins, qui sont en première ligne pour soigner les malades, même au prix de leur propre sécurité.

Bénissez, saint Joseph, l'Église : à commencer par ses ministres, fais d'elle un signe et un instrument de ta lumière et de ta bonté.

Accompagnez, saint Joseph, les familles : par ton silence priant, construis l'harmonie entre les parents et les enfants, surtout les plus petits.

Préservez les personnes âgées de la solitude, ne laissez personne dans le désespoir de l'abandon et du découragement.

Réconfortez les plus fragiles, encouragez ceux qui vacillent, intercédez pour les pauvres.

Avec la Vierge Marie, priez le Seigneur de libérer le monde de toute forme de pandémie.

Amen.

Le Pape François

Table des matières

Biographie de sainte Rita de Cascia..................5
Prières..................15
Neuvaines 1..................55
Neuvaines 2..................69
Litanies 1..................79
Litanies 2..................85
Triduum 91
Chapelet à sainte Rita 93
Des roses en l'honneur de sainte Rita...........95
En complément 99
  Les sanctuaires 101
  Prière pour la vie 103
  Notre Père, Je vous salue Marie..................105
  Prière à saint Joseph face à l'épidémie 109

À GENOUX, JE VOUS IMPLORE,
VENEZ À MON SECOURS !

CHRIS✝IC